CONCOURS DE LA MUSE RÉPUBLICAINE

ÉLOGE DE VOLTAIRE

Par ROBERT DUTERTRE

L'un des lauréats du Concours

SUIVI DE

LE CENTENAIRE DE VOLTAIRE

DISCOURS MAÇONNIQUE

Par BOUÉ (DE VILLIERS)

Directeur de *la Muse Républicaine*

Prix : 1 franc

PARIS	ÉVREUX
Mme Marie BLANC, libraire	A. BLOT, libraire
54, rue de Dombasle	Rue Grande

1877

VOLTAIRE

LE CENTENAIRE MAÇONNIQUE DE VOLTAIRE

Evreux, Hippolyte RODT, imprimeur. — 577

CONCOURS DE LA MUSE RÉPUBLICAINE

ÉLOGE DE VOLTAIRE

Par ROBERT DUTERTRE

L'un des lauréats du Concours

SUIVI DE

LE CENTENAIRE DE VOLTAIRE

DISCOURS MAÇONNIQUE

Par BOUÉ (DE VILLIERS)

Directeur de *la Muse Républicaine*

———

PARIS
Mme Marie BLANC, libraire
54, rue de Dombasle

ÉVREUX
A. BLOT, libraire
Rue Grande

1877

VOLTAIRE

Un jour, Confucius, Sophocle, Zoroastre,
Aristote et Platon, consternés du désastre
Qui pesait sur le monde, en ce temps peu chrétien
Où l'Église dressait à l'Orgueil un pilastre
En empruntant l'acanthe au ciseau corinthien,
Avaient, dans leur Olympe, un secret entretien.

Paris était vassal de la Rome papale ;
Le sang avait taché l'hermine épiscopale
Dans cette horrible nuit de Saint-Barthélemi ;
Un roi voluptueux, nouveau Sardanapale,
Dans les bras de l'Amour gouvernant endormi,
Du libre arbitre était devenu l'ennemi.

— Je voudrais, dit Sophocle, avec mon vers magique
Dans une âme à créer insuffler l'art tragique.
— Moi, j'offre, fit Platon, mon idéal du Ciel.
Les Sages : — Nous, le Vrai, sans la foi liturgique.
— Mon immense savoir, contenant sel et miel,
Vaut bien, dit Aristote, un présent d'Ariel.

Le Diable qui, dans l'ombre, écoutait ce colloque
Et qui du saint Pontife et de Rome se moque,
Riait, en secouant les chaînes de l'enfer.
— Pour que le Vatican plus vite se disloque,
Dit-il, je veux donner, moi, le roi Lucifer,
A l'enfant qui va naître une griffe de fer.

Les cinq Sages anciens, satisfaits de leurs ruses,
Pour mettre au même esprit leurs cinq âmes infuses,
S'en allèrent, joyeux, trouver sur l'Hélicon
Apollon, qui trônait au milieu des neuf Muses,
Et prièrent le dieu de faire aussi son don
Pour unir dans ce fils la grâce à la raison.

Envoyé pour remplir un rôle humanitaire,
Il naquit, ce Messie, et s'appela Voltaire.
Et sous son masque, alors, le moine inquisiteur
Frémit, pensant aux corps enfouis sous la terre,
Comme si ces martyrs, au geste accusateur,
Allaient rentrer en scène au cri du grand acteur.

C'est qu'en effet Calas, Sirven et de la Barre,
Et tant d'innocents morts d'un supplice barbare,
Pour qui jusques au ciel montaient les plaidoyers
Du vengeur qui citait les juges à sa barre,
Ressuscitaient, la nuit, aux lueurs des foyers;
Et le monde entendait comme un bruit d'os broyés.

Cerveau qui résumait une encyclopédie,
Où l'idylle naissait près de la tragédie,
Voltaire sut traiter tous les genres divers.
Grec autant que Gaulois, en sa verve hardie,
Lorsqu'il bandait son arc, visant quelque travers,
Droit au but arrivait la flèche de son vers.

Philosophe, il passait les siècles à son crible,
Tour à tour caressant ou critique terrible,
Burinant dans le vif son histoire des mœurs;
Et, sombre évocateur de tout forfait horrible,
Il se faisait l'écho des lointaines rumeurs
Pour réveiller l'esprit, malgré les endormeurs.

Au pied du pilori, condamnant tel monarque
Ou tel pape assassin, il lui mettait la marque
Et, devant l'univers, l'attachait au carcan.

Car, il avait surpris les secrets de la Parque,
Fouillé les *in pace* du muet Vatican,
Et vu dans quel conclave on avait fait l'encan.

Mérope, Mahomet, Épîtres ou *Candide*
Revêtent sous nos yeux une forme splendide
Qui nous fait mieux encor en admirer le fond.
Malgré sa bave impure et son toucher sordide,
Malgré tout son venin, lancé jusqu'au plafond,
Basile ne peut rien contre leur sens profond.

Pas un jour de perdu dans sa longue carrière !
Durant toute l'année, en séve printanière,
Son esprit produisait ces immortelles fleurs
Dont l'arome et le miel, jusqu'à l'heure dernière,
Auront cette vertu, dans les graves malheurs,
De redonner la vie aux peuples travailleurs.

Que servent au désert les hautes Pyramides ?
Imposés par le maître à ses sujets timides,
Ces énormes tombeaux, rêves audacieux,
Que les guerriers, passant sur leurs chevaux numides,
Ont mesurés de l'œil, mornes, silencieux,
Ont-ils donc pour la terre un sens bien précieux ?

Voltaire, condensant en lui plusieurs génies
Sans rien créer, au prix de peines, d'agonies,
Bâtit à la Raison un temple plus charmant
Où vient vibrer la voix des grandes harmonies.
La plus belle merveille, au plus riche ornement,
C'est son œuvre sublime, éternel monument.

Il a paré de fleurs la sainte Tolérance,
Et mis une auréole au front de l'Espérance ;
Il a déraciné tout faux dogme romain
Et du libre-penseur rêvé la délivrance ;
Enfin, il a voulu, par le droit d'examen,
Relever le niveau de l'intellect humain.

✳

Après avoir des rois pris la juste mesure
Et reçu d'eux, souvent, une vive blessure,
Il mit secrètement un germe dans un œuf
Et put dès lors prévoir, par prescience sure,
Que, couvé par le temps jusqu'en Quatre-Vingt-Neuf,
Il en naîtrait un monde, à l'esprit libre et neuf.

Nous allons, l'an prochain, fêter son Centenaire.
Les moines peuvent bien d'un règne imaginaire
Invoquer le retour, au pied du Crucifix.
Le Prophète inspiré que la France vénère,
En dépit des clameurs, des rages, des défis,
C'est Voltaire le Grand, — et nous sommes ses fils !

Robert DUTERTRE.

Ernée (Mayenne), mars 1877.

A MONSEIGNEUR D.....

Eh quoi ! vous avez fait l'éloge de Voltaire !
— Hélas ! oui, Monseigneur, et je ne puis m'en taire.
J'ai même un peu visé les grands inquisiteurs,
Les chefs du Saint-Office et leurs coadjuteurs.

Envers tout vrai génie, utile, humanitaire,
De la myrrhe et l'encens je me fais tributaire ;
Mais aux pieds de Thémis traînant les imposteurs
J'emplis l'air et les cieux de cris accusateurs.

Voltaire, Bossuet, Aristote, Xantippe,
Sous des aspects divers, offrent un même type.
Du même moule aussi sort tout esprit félon.

Si vous voulez avoir, inspirant les athlètes,
A votre Centenaire un tournoi de poëtes,
Imitez, Monseigneur, l'aimable Fénelon.

R∴ D∴

LE CENTENAIRE DE VOLTAIRE

Vœu présenté à la R∴ L∴ *la Sincérité de l'Eure*, O∴ d'Évreux, dans sa tenue du 7 juin 1876, par le F∴ Boué (de Villiers), rédacteur du journal l'*Union Républicaine de l'Eure*.

Mes Frères,

J'ai la faveur de formuler un vœu, auquel je vous prie de donner votre adhésion, afin qu'il soit transmis au Grand Orient de France au nom de notre Loge *la Sincérité de l'Eure*.

Ce vœu, c'est celui de la célébration, par la Maçonnerie française, dans tous ses temples et avec toute la pompe que mérite une telle solennité, du *Centenaire de Voltaire*, le grand initiateur de la Libre Philosophie et de la Morale indépendante, l'affranchisseur infatigable de la Pensée des peuples, l'apôtre de la Fraternité sociale, l'immortel Précurseur de notre Révolution — en un mot, l'une des gloires les plus pures de notre grande famille maçonnique !

L'esprit de Voltaire s'est tu le 30 mai 1778. — Grande date, mes Frères. L'histoire le dit : Cette mort fut un coup de foudre pour Paris, pour la France, pour le monde philosophique tout entier, et nul homme, pape, empereur, roi ou conquérant, ne fut pleuré comme l'a été ce simple vieillard, ce Poëte français, qui ne portait accolé à son nom aucun titre aristocratique, et qui, cependant, était plus qu'un pape, plus qu'un empereur, plus qu'un roi ou un conquérant, puisqu'il était acclamé par le peuple comme le roi des sages, par les sages comme un père du peuple, par les philosophes comme le maître de la Philosophie.

Le 2 avril 1778 — deux mois avant de succomber, en sa 84e année, Voltaire, lumière éblouissante du monde profane, avait voulu recevoir la sereine lumière maçonnique. Il fallait cette consécration à cette grande vie qui allait s'éteindre. Ce faisant, le patriarche de la Philosophie honorait la Maçonnerie et s'honorait lui-même. — Qu'elles se nomment Voltaire ou Littré, nous sommes fiers des grandes âmes qui viennent à nous, car elles proclament la sublimité de nos principes, qui sont ceux des vrais amants de l'Humanité et de la Raison, et nous inscrivons sur le marbre de nos temples, en lettres ineffaçables, les dates de ces mémorables initiations, qui sont la communion de l'Esprit immortel avec l'éternelle Vérité.

Or, de cela, il va y avoir un siècle.

En cette année-ci — 1876, la grande République Américaine célèbre le Centenaire de son affranchissement en glorifiant la mémoire de son émancipateur, George Washington, et elle a voulu que cet anniversaire coïncidât avec la date de son Exposition internationale à laquelle elle convie le monde entier — à Philadelphie, un nom prédestiné !

Le 1ᵉʳ mai 1878 — à Paris — la troisième République française ouvrira, elle aussi, une Exposition internationale. Avec cette date coïncide la centième année écoulée depuis la mort de l'auteur de la *Loi naturelle* et du *Dictionnaire philosophique*. — La Maçonnerie française, la France républicaine laisseront-elles passer cette date sans glorifier ce grand nom, sans célébrer cette illustration nationale, sans honorer cette mémoire bénie ?

Un publiciste distingué et sympathique, conseiller municipal de Paris, a le premier, dans un vaillant journal (*) démocratique de Paris, posé cette question du Centenaire de Voltaire, — non à la Maçonnerie, mais au pays tout entier ; non au point de vue maçonnique, mais au point de vue uniquement national et français.

De cette proposition, qui fait le plus grand honneur au patriotisme de M. Yves Guyot, et à laquelle se sont ralliés avec empressement tous les esprits généreux dans la presse et dans les lettres, je ne veux prendre qu'une partie, celle qui est du domaine maçonnique, et le vœu que je vous propose d'émettre, mes Frères, je le circonscris aux limites qui me sont tracées dans ce temple ; je ne veux l'appuyer que sur des considérations purement maçonniques, ne perdant pas de vue que le penseur dont il s'agit d'honorer la mémoire auguste est pour nous, et avant tout, un ancêtre, qu'il a été un libre-penseur, un franc-maçon, qu'il a vécu, est mort en libre-penseur, en franc-maçon.

Dans l'Église papiste, on célèbre fastueusement le Centenaire du martyre du pêcheur Pierre Céphas,

---

(*) M. Yves Guyot, *les Droits de l'Homme*, jeudi 4 mai 1876.

le prétendu prince des apôtres. Le dernier Centenaire dit de *saint Pierre* a eu lieu en 1867, l'année même de notre dernière Exposition internationale. Et Rome se félicita de cette coïncidence, qui lui permettait « d'opposer les pompes religieuses au spectacle des vanités humaines », de « dresser la puissance de l'Eglise en face de la Révolution consternée. »

Le Centenaire de Voltaire, se rencontrant, lui aussi, avec notre prochaine Exposition, sera — célébré par nous, Maçons français, enfants de 1793 — le pendant du Centenaire pontifical, la réponse de la Philosophie à la Foi aveugle, la réplique de l'Atelier à la Sacristie, la réfutation de ce fatras jésuitique le *Syllabus*, et l'effacement de cette insulte à la liberté de conscience, la consécration de Paris et de la France au Sacré-Cœur. Et en le célébrant, nous, à notre tour, nous dresserons la puissance de la Révolution en face de la Superstition consternée, c'est-à-dire l'autel de la Libre Pensée triomphante, — car elle triomphe, quoi qu'on dise et quoi qu'on fasse, — en face de l'autel de l'Intolérance abattue. Nous opposerons les pompes grandioses du Travail, les enfantements merveilleux de l'Esprit moderne, les découvertes de la Science contemporaine au spectacle des vanités dogmatiques du Passé.

En 1867, Rome sacerdotale a célébré le 18e Centenaire de saint Pierre, en canonisant 25 nouveaux saints et en glorifiant la populace des bienheureux et des martyrs de la légende catholique. En 1878, nous, les Maçons de la vieille Gaule, nous fêterons le Centenaire d'Arouet de Voltaire, en payant un tribut de respect et d'amour fraternel à tous les martyrs de l'Avenir, à tous les citoyens utiles, nobles ou obscurs, petits ou grands, qui se sont dévoués au progrès matériel et moral du Peuple, à l'affranchissement scientifique et politique des sociétés ; car nous avons nos martyrs et nos saints aussi, et la vie de ces martyrs et de ces saints, ce n'est pas de la légende, c'est de l'histoire — sainte et impérissable.

« Voltaire, s'écrie Yves Guyot, quand on porta tes cendres au Panthéon, ces cendres qui en furent chassées par la Restauration, on ne comprenait pas encore ta vraie grandeur !— Il y a des hommes dont le prestige a la splendeur et la durée d'un éclair. Il n'en est pas ainsi de Voltaire. C'est une lumière aussi durable qu'éclatante. Quand nous le voyons à la distance d'un siècle, nous éprouvons un trouble étrange en face de sa puissance, de son action incessante, de l'immensité de son œuvre. Lorsqu'il disait : « J'ai plus fait en mon temps que Luther, » il avait profondément raison. Luther affranchissait la conscience individuelle, il est vrai ; mais au profit de quoi ? — Au profit du Surnaturel. Voltaire l'affranchissait aussi, mais à l'aide de la méthode d'observation, au profit de la Science, c'est-à-dire de la Certitude : profonde différence ! Jamais nul homme n'a sapé plus rudement les fondements de la société de son temps. Pendant soixante ans, chaque jour il a attaqué un abus, démoli un préjugé, raillé une puissance, réduit quelque miracle à sa plus simple expression.

« Non-seulement il a pensé, mais il a appris aux gens à penser par eux-mêmes. Il leur a dit et leur a répété sur tous les tons, depuis la raillerie la plus fine jusqu'au pathétique le plus sublime : — Ne crois que ce qui a été démontré ! Chacune de ses œuvres a été un combat. Jamais homme, sous des faiblesses apparentes, n'a suivi avec une semblable persistance, une ténacité aussi active, au milieu de semblables dangers, la même œuvre. — Quand on songe qu'il écrivait entre le bûcher de Calas et celui du chevalier de la Barre, on admire et on répète le mot de Stendhal : — « Voltaire fut l'homme le plus brave de son siècle. »

Voltaire fut plus que cela encore.

Gœthe, ce pseudo-Voltaire de l'Allemagne, a dit justement de l'homme de génie qu'il s'efforçait de singer : « Voltaire est la création la plus étonnante de l'Auteur de la Nature, création où il s'est plu à rassembler une seule fois, dans la frêle et périlleuse organisation humaine, toutes les variétés du talent, toutes les gloires du génie, toutes les puissances de la pensée. »

A nous donc, francs-maçons de France, de proclamer notre filial amour pour ce hardi prophète de la Nature et de la Raison, pour ce rare semeur de Justice, de Vérité et de Révolution, dont l'Église et la royauté ont jeté les nobles restes à l'égout anonyme !...

Je dois conclure, mes Frères, et je le fais en vous déclarant que, venant à cette heure, le Centenaire de Voltaire en France, après le Centenaire de Washington en Amérique, à côté du Centenaire de Spinosa en Hollande, de celui d'Adam Smith en Angleterre, de celui de Giordano Bruno en Italie, sur le sol même où la papauté avait brûlé ce moine penseur, — le Centenaire de Voltaire, dis-je, ne sera pas seulement une fête maçonnique et nationale.

Tous ceux qui ont le culte de la Science et de la Pensée, tous ceux qui croient à l'infini Progrès, tous ceux qui ont substitué la notion du Droit à la notion d'Obéissance passive, la liberté d'examen au Dogme aveugle, la lumière aux ténèbres, tous ceux enfin qui pensent que la *Déclaration des droits de l'Homme* n'appartient pas seulement à la France, mais est le *Credo* du monde moderne, et aussi que la doctrine maçonnique s'est pas seulement une collection de formules philosophiques ou morales, mais bien la synthèse des grands principes humanitaires et sociaux — tous ceux-là s'associeront de cœur et d'esprit à cette fête grandiose, qui sera à la fois une pieuse manifestation de la Maçonnerie française et une solennelle manifestation de la Maçonnerie universelle, qui sera à la fois la fête d'une nation et une fête de l'Humanité — une fête, celle-là, authentiquement *catholique*.

Telles sont, mes Frères, les hautes considérations qui m'ont inspiré le vœu que j'ai la faveur de vous soumettre, pour son expression être transmise au Grand Orient et, par lui, à toutes les Loges de France et de l'Obédience, où il ne pourra que trouver un unanime et glorieux écho, tout à l'honneur de notre Loge *la Sincérité de l'Eure*, déjà placée en quelque sorte sous l'invocation du Frère Voltaire, par la précieuse étude maçonnique (*) consacrée à cette Ombre illustre par le Frère Germain, notre Vénérable actuel.

BOUÉ (DE VILLIERS).·.

Le vœu du F.·. Boué (de Villiers) a été adopté à l'unanimité par sa Loge.

(*) *Initiation de Voltaire dans la Loge des Neuf-Sœurs*, précédé d'une Etude sur Voltaire, les Neuf-Sœurs, les Trinosophes, etc., par A. Germain, Vén.·. de *la Sincérité de l'Eure*.

RÊVE DE GUERRE

Un fier colosse, enduit de suif ou d'huile rance,
Le même qui jadis se vautra sur la France,
Vient d'offrir le combat à l'homme efféminé
Qui se meurt d'opium, les yeux teints de henné.

Mais, le danger suscite une âme juvénile
En ce corps impotent, au sang pauvre et sénile,
Et, roidissant les bras par un suprême effort,
Prodige inespéré, le faible devient fort.

C'est convenu, la lutte, au milieu du Bosphore
Dont l'onde a pris l'aspect d'une mer de phosphore,
Sans répit et sans trève, aura lieu bord à bord,
La fuite n'ayant plus que le trou d'un sabord.

Pour juger la valeur de deux forces rivales,
On fit bien d'inventer les batailles navales,
Qui ferment toute issue aux hontes de la peur.
Et qui par l'abordage annulent la vapeur.

L'Asie est le théâtre aux grandes tragédies —
Les Homères l'ont dit en mille rhapsodies :
L'air y porte avec soi l'odeur des attentats,
Tant le crime et le sang plaisent aux potentats.

RÊVE DE GUERRE

Or, voici quel conflit j'aperçus dans un rêve :
Assis en haut d'un roc qui dominait la grève,
J'entrevoyais, dans l'ombre, allant, venant, passant,
Des poupes et des mâts, avec aigle ou croissant.

Un feu rouge apparaît comme en un bal champêtre,
Mais ici c'est le bruit et l'éclair du salpêtre.
Les navires alors, se couvrant de fanaux,
Pour mieux se reconnaître entre eux font des signaux.

La nuit était obscure et, de mon promontoire,
J'étais témoin d'un fait tout nouveau dans l'histoire.
Il s'est fait des combats effroyablement beaux,
Mais deux flottes, de près, se battant aux flambeaux,

Cela ne s'est pas vu bien souvent dans le monde.
Il est vrai que l'étrange en notre siècle abonde,
Et que lorsqu'on subit sceptres, knout ou bâtons
On est bien assez fou pour se battre à tâtons !

Les vaisseaux oscillaient et perdaient l'équilibre,
Frappés par des boulets d'un énorme calibre
Qui, malgré la cuirasse, ouvraient leurs larges flancs ;
Et les flots renvoyaient aux yeux des reflets blancs.

La mer était la scène, et les canons l'orchestre.
Les grands mâts paraissaient une forêt alpestre,
Dansant la sarabande, au bruit du branle-bas,
Et la mort, sur le pont, fauchait à tour de bras.

Un navire amiral, sous flamme moscovite,
S'arrêtait un instant et puis marchait plus vite,
Essayant, à travers les rangs de l'ennemi,
De joindre un gros vaisseau qui semblait endormi.

Je me dresse debout — mon rêve continue —
Pour mieux suivre de l'œil, sous l'ombre de la nue,
La nef qui filait droit, poussant son éperon
Contre le flanc blindé du monitor poltron.

Elle approche, c'est bien ; voici qu'elle l'aborde.
L'autre semble toujours dire : Miséricorde !
Le premier sur le pont, ouvrant son cafetan,
L'empereur Alexandre appelle le Sultan.

— « Que fait donc, cria-t-il, au fond de son navire
« Le tout-puissant Seigneur de ce sublime Empire ?
« Peut-être qu'une femme, à l'heure du trépas,
« S'est liée à son corps et le tient en ses bras.

« Le fils des Osmanlis, l'intrépide monarque
« A préféré sans doute, aux baisers de la Parque,
« Puiser l'enivrement aux lèvres de corail
« De quelque favorite, arrachée au sérail. »

Soudain, Abd-ul-Hamid, nimbé d'une auréole,
Avec aigrette d'or flottant au gré d'Éole,
Apparut, tout couvert d'émaux et diamants
Qui projetaient au loin leurs riches flamboîments.

Voyant les deux vaisseaux, ainsi que deux pirates
Émules et rivaux en œuvres scélérates,
Accrochés corps à corps, le maître de ces mers,
Le Sultan ébauchait des sourires amers.

Il était vraiment beau mais avait l'air tragique :
Une baguette en main, un talisman magique,
Lui tenait lieu d'une arme, et son front souverain
Demeurait calme et froid comme un masque d'airain.

— « Alexandre, dit-il, celui qui tient la foudre
« Au combat singulier ne peut pas se résoudre.
« Je ne veux pas mourir comme un vil spadassin,
« Car Mahomet m'inspire un plus mâle dessein.

« Tu viens étourdîment de te prendre à mon piége :
« Ton vaisseau sous ma main pèsera moins qu'un liége ;
« Tu ne peux m'échapper, ni toi, ni nul des tiens.
« Vite, invoque-le donc, le Dieu vain des chrétiens !

« Souviens-toi du passé, souviens-toi de Sinope,
« Du lâche guet-apens, scandale de l'Europe.
« Par Allah ! la vengeance est ma seule vertu,
« Et je meurs sans regret, te voyant abattu. »

Cela dit, sans souci d'attendre la réplique,
Il frappa d'un coup sec une pile électrique
Et, les bras étendus, superbe, il attendit...
Il se fit un bruit sourd, et la mer se fendit,

Et les vaisseaux unis, lancés par la torpille,
Volèrent en éclats. Leur masse s'éparpille
Et retombe en fragments, bois, fer, membres humains ;
Et des deux empereurs têtes, jambes et mains,

Tronçons hideux, longtemps se mêlent sur l'abîme.
Homicide infernal, mais désespoir sublime,
Formé de grandeur d'âme et de forfait commun,
Qui fait mille trépas, lorsqu'il n'en fallait qu'un !

Une stupeur suivit l'horrible catastrophe.
Puis, chaque peuple alors devenu philosophe,
Sans roi pour qui mourir, mit le cap sur ses ports,
Laissant quelques esquifs pour repêcher les morts...

Je regretterais fort d'être une autre Cassandre.
Abd-ul-Hamid me plaît et j'estime Alexandre.
Mais tout prince est suspect, et j'aurais grand effroi
Si notre noble France avait encore un roi !...

Robert DUTERTRE.

AUX DEUX EMPEREURS

Sultan Abd-ul-Hamid, empereur Alexandre,
Vous rêvez donc bien fort aux héros du Scamandre
Que, comme eux, vous voulez mettre l'Asie en feu
Parce que vous avez, chacun, votre Bon Dieu !

Hélas ! que fait la flamme ? — un petit tas de cendre !
Et que produit la guerre ? — une fosse où descendre
Des milliers d'hommes forts, n'ayant vécu qu'un peu,
Et qu'aux mères en pleurs l'on arrache en tout lieu.

Pour un point orthodoxe ou contraire aux genèses
N'ont-ils donc pas assez allumé de fournaises,
Les rois avec leur cour de chevaliers féaux,

Pour que, du même accord, les peuples de la terre,
Gardant leurs lois, leurs mœurs, leur foi, leur caractère,
De toute monarchie étouffent les fléaux ?

          R∴ D∴

EN VENTE CHEZ LES MÊMES ÉDITEURS

LA MUSE RÉPUBLICAINE

Poëmes, Satires, Chansons patriotiques et maçonniques

Par Boué (DE VILLIERS), Robert DUTERTRE, Emile BLÉMONT, Emmanuel DES ESSARTS, Hector L'ESTRAZ, H. BUFFENOIR, FERTIAULT, Alfred LECONTE, député de l'Indre, Ch. MAGNÉ, Paul COURTY, Clovis HUGUES, A. GROUT, J. LAZARE, A. PABAN, Capitaine Henri SALVA, Théodore SERRE, Auguste HAZARD, René MARCIL, Mesdames Louisa SIEFERT, CORNÉLIE, Lise COQUILLON, etc., etc.

La *Muse Républicaine* de 1875 forme un beau volume gr. in-8°, orné des Portraits de VICTOR HUGO, GAMBETTA et THIERS.

La *Muse* de 1876, beau vol. de 300 pages, orné du Portrait de GEORGES WASHINGTON.

Le volume de 1876 est sous presse et paraîtra en juin. Il contient un beau Portrait de VOLTAIRE, d'après Houdon, et le Poëme de M. ROUSSEL DE MÉRY : *le Rire de Voltaire*, couronné au Concours de Voltaire.

Prix de chaque volume : 5 francs.

Pour recevoir *franco*, adresser mandat ou timbres-poste à M. BOUÉ (DE VILLIERS), directeur de la *Muse Républicaine*, à Evreux (Eure).

Evreux. — Hippolyte RODT, imprimeur.

www.ingramcontent.com/pod-product-compliance
Lightning Source LLC
Chambersburg PA
CBHW060641050426
42451CB00012B/2692